Susana Arroyo-Furphy

Si fueras fuego

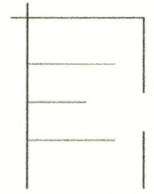

Ápeiron Ediciones

Susana Arroyo-Furphy

Si fueras fuego

arte-facto

2024

1.ª edición, 2024

© Del texto, Susana Arroyo-Furphy
© Del prólogo, Aldo M. Alba
© Ápeiron Ediciones

C/ Príncipe de Vergara, n.º 132, planta 9
28002   Madrid
Tfno. (+34) 611 00 28 41
E-mail: info@apeironediciones.com
http://www.apeironediciones.com/

Diseño y maquetación: Ápeiron Ediciones

Papel procedente de fuentes responsables

ISBN: 978-84-128711-7-3
Depósito legal: M-13976-2024

To Bri,
My beautiful granddaughter.
By coming into my life,
you have discovered my hope.
The reality of having you is incomprehensible
like the calm sea.
In your beautiful eyes there are sunrises and smiles.
Gentle beauty, kind infinity.
I love you.

Índice

Prólogo de Aldo M. Alba...9

SI 13
EL QUE SE VA Y EL QUE SE QUEDA......................... 14
SIN EMBARGO... 15
LA LLUVIA.. 16
MÁS SABE EL DIABLO.. 17
¿CÓMO ES LA SOLEDAD?.................................... 18
LOS VIEJOS... 19
COMO UN PEZ.. 20
MORIRÉ SOLA 21
AYER LLORÉ 23
REPARTO... 24
LUZ.. 25
EL MUNDO... 26
SERÍA LUNES.. 27
EL ARCO IRIS Y LA BANDA DE ALEJANDRO........ 28
A PESAR DE TODO.. 29
CUANDO ENVEJEZCA....................................... 30
NO PUEDO 31
A ULTRANZA.. 32
ME DUELE.. 33

A TU LADO 34

INSTANTÁNEAS 35

LA I GRIEGA ES LA YE 36

MEMORIA 37

¡VIVIR MÁS! 38

YO CREO 39

YO NO SOY POETA 40

ALGO SOBRE EL OLVIDO 41

ABRUMADA 43

LO QUE PASA 44

¿QUÉ NOS FALTÓ? 45

GAVIOTAS 46

NAVÍO 47

POCO A POCO 48

CAFÉ 49

COMO UN COLIBRÍ 50

¿QUÉ MÁS TE PUEDO DAR? 51

EN EL OLIVAR DE LOS PADRES 52

MUNDO DE GUERRA 53

RÍOS DE SANGRE 54

ODA A UN SOLDADO 55

ÉL TE MIRA 56

LA MAÑANA 57

HOY 58

MAR 59

Detrás de los enojos y las vastas tristezas que lastran con su peso la brumosa existencia, bienaventurados aquellos que pueden, con ala vigorosa, lanzarse hacia los campos luminosos y serenos.

Baudelaire

A manera de presentación:

Soñé que iba a una enorme biblioteca a buscar información de Susana Arroyo-Furphy, pero de entre los miles de volúmenes que ahí se encontraban, todos los que se referían a ella, o bien estaban prestados o alguien se los había llevado, en esa pesadilla me desesperaba porque ¡¡no podía creer que en medio de miles y miles de libros no hubiera uno de Susana Furphy!!

Pero cuando desperté me di cuenta de que yo sí sabía quién era, ella es alguien que conoce, y ama, las letras, las palabras. Desde el exacto punto de vista académico, técnico, no hay secretos para ella... sin embargo, siempre miraba hacia la otra orilla, la de los poetas, los escritores que quizá no conocen a profundidad la ciencia del lenguaje, pero con inspiración, y a veces por pura suerte, logran armar buenos trabajos.

Pero esa espera no podía ser eterna y por fin Susana Furphy no teme lanzarse de lleno a un género tan difícil, como emocionante: la poesía.

Un poeta se descubre a sí mismo cuando quiere explicar al mundo todo lo que los humanos ven todos los días, pero desde otro y apasionado punto de vista. Y, además, lo hace con el mismo lenguaje con el que todos hablamos de política, de las descomposturas del metro o la guerra, ese milagro de usar las mismas palabras para hacer del mundo el hogar del poeta.

En una época en que pareciera que el arte o la poesía ya no son necesarias porque el mundo es peor que antes, siempre habrá una poeta que con sus letras niegue ese absurdo.

Pero, si alguien escribe poesía y no llega al corazón del lector, habrá fracasado, podrá ser un libro con portada de hoja de oro e ilustrado por el mejor artista, pero será una obra vacía que no puede explicar ni alcanzar la tragedia o la felicidad humanas.

Por fortuna con Arroyo-Furphy no sucede eso, su poesía, no importa que hable de muebles viejos, peces, café, gaviotas sobre mares de soledad o terribles guerras, siempre tendrá valor poético. Cuando se leen sus poemas simplemente no puede existir indiferencia, sus letras mueven a la nostalgia por el ser amado, por la vejez, por los recuerdos de la pasión amorosa o la ira, pero nunca nos dejará vacío el corazón, al contrario sabremos, emocionados, que el milagro de la poesía se realizó de nuevo, cuando nos damos cuenta de que la obra de la poeta nos atravesó el alma.

Salud por la nueva poeta y los invito a incinerarse sin remedio en los poemas de *Si fueras fuego*.

Aldo M. Alba
Ciudad de México, marzo 2024

Las palabras nunca alcanzan cuando lo que hay que decir
desborda el alma.
Julio Cortázar

Si

Si fueras lluvia, en un balde
    te contendría.
Si fueras viento, te sentiría
    acariciar mis mejillas.
Si fueras tierra, hundiría mis pies
    en ti.
Si fueras fuego
    me calcinaría contigo.

EL QUE SE VA Y EL QUE SE QUEDA[1]

El que se va de viaje, de fin de semana, de muerte.
El que se va sin rumbo ni esperanza.
El que se va etéreo, soñador.
El que se va dormido, sonriente, perfecto.
El que se va, miedo anónimo, remoto.

El que se queda madruga.
El que se queda se muerde la piel,
da frío.
El que se queda paga sólo un pasaje,
va solo.
El que se queda desgarra su alma,
da miedo.
El que se queda no llora, vocifera,
aúlla.
El que se queda está hueco,
le han extirpado las entrañas.

---

[1] Este poema fue publicado en *Maratón de Escritores*. Enrique Gracia Trinidad y Emilio Porta, eds. Visión Libros, Madrid, España. 2011, p. 296.

Sin embargo

Los dos caminamos por los mercados de viejo
husmeando lámparas, hierros salpicados de óxido y hollín.
Pero la loza y los cacharros tenían años,
días, meses de otros ojos entreverados.
Ambos escogimos la mesita del recibidor
y las cortinas que impiden el paso de la luz.
Pero ya estaba ahí, en silencio, el jarrón celeste
con orquídeas y violetas.
Tú y yo, en silencio, adquirimos modernos anejos:
gris, verde, escarlata lucían su densidad,
su forma, su cuerpo.
Pero el pesado, florido sillón
había compartido atardeceres, estíos
blancas mañanas de risa, canto;
ilusiones que con el tiempo marchitaron
su luz,
labios que suplicaron, negaron.

Y sin embargo aquí estamos, tú y yo.
No tenemos recuerdos juntos
ni ayeres iluminados de rojo.
No supe de tu juventud ni de tus fantasías.
Ni tú de las mías.
Sin embargo, aquí estamos…
juntos.

LA LLUVIA

Fina, delgada, escasa
transparente, medusa inaprehensible.
Golpea en gotas cuajadas de luz.
Lágrimas drenadas que mojan, calan,
que provocan risas, dolor, muerte.
Lluvia, triste lluvia de duelo.
Lluvia de cementerio, amarga.
Lluvia de las bodas impertinente.
Lluvia hecha arroyo, volátil,
cristal, roca de hielo.
Arena, miel, brebaje.
Revolotear de nubes de verano
en doliente cortejo,
se exprimirán las entrañas.
Ríen y planean.
Se hacinan, se muerden, se escaldan.
Lluvia de temprano rocío.
Lluvia de atardeceres rojos.
Lluvia de noche
impregnada de relámpagos recalcitrantes
que abandonan al ser en desvalido encuentro.
Lluvia densa de niebla, neblina.
Lluvia hecha humo, hecha polvo,
echa llanto.

Más sabe el diablo

¿Quién te dijo, mujer, que eras sabia?
¿Acaso sabes que la verdad no existe
y la mentira se esconde en el silencio?
¿Sabes de la derrota,
del fracaso?
¿Tiemblas cuando las hojas caen
y los nombres se pierden
en la espesura de la memoria?
Ríos de risas y de llanto
alimentan al condenado a muerte;
mientras las esperanzas
flacas y parcas
se disuelven, se niegan.
Tanto dolor y tan poco tiempo,
tanta desilusión en un solo cuerpo.
Nadie sabe,
quizás el diablo, por viejo...

¿CÓMO ES LA SOLEDAD?

La soledad es blanca, roja, azul.
La soledad tiene olor, sabor, pudor.
La soledad no duele
                              espera,
la soledad no crece
                              trepida,
la soledad suele ser dulce
                              desafía,
la soledad es vacía
  y a veces vuela.

LOS VIEJOS

Los viejos lloran.
Lloran por sus muertos,
por los pequeños de incierto futuro.
Lloran por las guerras y los dolores,
lloran por no poder resolver,
también lloran por la tristeza,
por el amor ya pasado
y por el que nunca se pudo tener.
Lloran por los niños y las aves y los perros.
Ah, sí, por la soledad.
El llanto de los viejos es amargo,
casi tan amargo como el despertar en su boca
casi tan amargo como el café que endulza su vida.
Los viejos lloran,
pocas veces ríen
pues la risa es juventud y amor.
Los viejos también lloran de alegría,
el llanto de los viejos es contagioso.
Hay un cierto suspiro entre cada lágrima
como el suspiro del nuevo amanecer.

Como un pez

Desprovisto de sonido, en un mar sin agua, viajo,
lentamente.
Diáfanas oquedades me circundan. Ahí te miro.
Tu reflejo me convence. Cóncavo.
Y al nadar, mi escamoso cuerpo doliente, susurra.
¡Ay!, viejas letanías, duelos y quimeras.
Busco. Abro mi boca y desfallezco,
mis ojos no pueden cerrarse, no tengo párpados.
            No puedo soñar.
Debo estar alerta,
tengo miedo de ahogarme,
de ser devorada,
            de morir.
Mi espíritu se ha desprendido de mí
y mi corazón late lento, suave,
como un leve murmullo se apaga,
se presiente el final
                        acecha
logro pensar en ti
te imagino
                        cerca
y mi reloj interno, incesante,
me explica la vida,
me acarrea consigo,
me encierra y me esconde.
Grito, huyo, lloro
…y mi cuerpo nada.

MORIRÉ SOLA

Moriré. Moriré sola.
Moriré con estas uñas, estas venas, estos dientes.
Moriré sola como vine al mundo
como viví siempre.
Siempre en esa soledad al salir por la mañana,
al regresar de la escuela,
al estar en casa simplemente sola.
Sola como en la infancia
al subir y bajar, al dormir y soñar.
Sola al comer el entremés del restaurante;
sola al bajar del tren que me lleva a casa.
Sola en medio del ruido citadino,
en el mar al sumergirme y escucharme,
zambullirme y mirar las burbujas de mi propio aliento,
sola al salir, desesperada, violenta.
Sola en la montaña al escalar sintiendo mis entrañas,
ávidas de lugar en calma, silente, reposada.
Así sola. Moriré.
Sin los míos que me verán dormida, sola.
Acostumbrados a mirar mis labios, mis mejillas, mi piel y mis
pestañas.
Sin movimientos alegres, enfadados, blandos
sin ojos que buscan, que encuentran,
que miran avasalladoramente
trepidantes, tibios.
Sola, moriré sola.
Sin voluntad, ni conspicuo silencio,
sin pronunciado acento de mi voz,
esa que a veces tiembla y declina;
voz medrosa y diletante, cadenciosa,

voz que resuena el palpitar de esta soledad
que sola descubre y lamenta.
Sola voz que muere en la muerte.
Sola.
Moriré sola.

AYER LLORÉ

A Amy

Ayer lloré por todo y por todos.
Sentí tristeza por los que sufren
por la desolación de Amy Winehouse
que siempre sufría.
Por el dolor de quienes no tienen nada
o que lo tienen todo.
Por el dolor de los que no tener no es importante
y tener es importante.
Por todos,
por los que sin hálito de esperanza, sufren
y lloran
por ellos y por mí
por eso.

REPARTO

Si la Muerte me sorprende antes de tiempo
quiero que distribuyas mis bienes.
Al vendedor de periódicos lleva mi radio,
así contento escuchará las noticias.
Al repartidor del correo entrega mis libros, mis escritos,
él sabrá darles buen destino.
Al jardinero, devuélvele las flores
que he convertido en poemas,
hazle saber que contienen el aroma de la pasión
y la belleza escondida en el rocío de las madrugadas.
Al conserje del edificio lleva toda mi ropa
la sabrá separar, la dará a quien más la necesite.
A mi vendedor de merengues dale mi dinero,
nunca mejor empleado será.
De los cuadros y las esculturas,
las alhajas y la porcelana no me preocupo,
su valor no me interesa.
Lo que uso a diario, mi día a día
es lo importante.
Si cuando muera hay Luna llena
deja que ilumine mi cuerpo yerto.
Si es de día, toma algunos rayos de Sol o lluvia o arco iris
y cúbreme por completo;
extenuada, mi piel sabrá agradecer.
Si algo de mi cuerpo aún sirve,
dónalo a quien falta haga.
Por último, permite que las aves sobrevuelen mi tumba
y de cuando en cuando me visiten los perros y los gatos,
amigos fieles.

Luz

Me gustaría ser luz
e iluminar tu vida
bañarte con mis rayos
perdidos en tus poros
zaherirte con locura.
Me gustaría ser agua
envolver tu piel gota a gota
por tu espalda resbalar
acariciarte inclemente.
Me gustaría ser noche
descubrir tus secretos
ocultar tus temores
destruir tus fantasmas.
Me gustaría ser lamento
encerrar tu dolor
de voz carente
ahogado grito de tristeza
silencio convertido en bruma.

EL MUNDO

Pero qué pequeño es el mundo
no sé por qué tanta alharaca
tres baldosas en el cuarto que multiplico por tres.
Todos los días veo a la gente en largas colas
me pregunto por qué.
Yo salgo a mi trabajo que diario me ocupa
solo ocho horas, regreso
miro las estrellas, busco la Luna
que en el monte se esconde.
Fumo poco, bebo una cerveza, leo de guerras y hambre
presidentes que aseguran bienestar para todos
pero yo observo, cuento mis baldosas
sin pena ni gloria.
Los domingos camino por los parques
miro a la gente reír o pelear, regreso a mis baldosas
miro mis pies cansados constantes agrietados
¿y el mundo?
Ese no es grande
es pequeño.

SERÍA LUNES

No sé si era lunes o jueves
o febrero.
No sé si el encuentro fue amable.
Tampoco si su mirada y la mía
formaron una sola.
Ni sé si hubo un antes y un después,
pero no un ahora.
Me niego a vacilar en el recuerdo,
desfallezco estremecida
          pensando
en un posible, un tal vez
No supe por qué ni cómo ni cuándo,
ni si tenía las manos firmes
o la voz impregnada de color.
No recuerdo su aroma ni sus costumbres.
No sé casi nada.
Pero lo cierto es que un sábado
         de lluvia triste
recogí mis pedazos,
          rehabilité la piel de mis huesos
          y respiré hondo
          muy hondo.

EL ARCO IRIS Y LA BANDA DE ALEJANDRO

A mi hermano

Crea la luz en simple onda
con esféricas gotas de lluvia,
diversa y precisa
majestuoso arco iris.
    La luz se dispersa
se refracta   se refleja
en gotas de agua
que c
      a
          e
              n
              precipitadas.
Alta cresta del arco iris
rutilante
lluvia y Sol procrean incansables
los siete colores.
Pero el arco iris es sólo
un fantasma   una imagen.
El que miro no es el mismo
que aquel que tú puedes ver.
Si lo imagino quizá lo creo en mi mente.
¿Lo miras como yo?
¿Es tan bello?
Hay uno doble cuya franja oscura
fue llamada
la Banda de Alejandro.
Recuerdo que hace tiempo
regalé -a otro Alejandro- un arco iris
hecho de besos y sonrisas,
pero ya no pudo mirarlo.

A PESAR DE TODO

Y nos quedamos viendo
uno al otro
como quien no cree lo que pasa.
Nos quedamos en silencio, sin habla.
Y tú no me dijiste que las nubes eran de nácar.
Y no te contesté que solo eran quimeras.
De cuando en cuando
   de soslayo
veías mis manos y yo tus brazos.
La gente pasaba, murmuraba.
Y nos dimos cuenta de lo pobres
   que eran nuestras inútiles miradas.
Y reconocimos la escasa estatura,
  la frágil voz,
   el carente oído.
Sonreímos con tristeza
y comprendimos que a pesar del tiempo
juntos
   ya no había nada.

Cuando envejezca

Cuando envejezca quisiera perder la memoria,
    olvidar que te amo
    olvidar tu ausencia.

Cuando envejezca no me calcinará tu recuerdo,
no sentiré el roce de tus dedos en mi ajada piel.

Cuando envejezca tu olor habrá desaparecido
    tu mágica mirada
    tus besos guardados.

Cuando envejezca la palidez de mi rostro
    será natural
el dolor de mis huesos reportará
    mi edad
la triste despedida será más leve.

Cuando envejezca seré yo sola.
    Sin ti.

No puedo

Puedo vivir sin asearme
casi sin comer ni dormir, apenas unos mordiscos al pan,
duermo unas horas.
Puedo casi vivir sin ti,
me he acostumbrado a no sentir el roce de tus dedos
en mi piel.
Puedo mirar, con tristeza, los diarios que hablan de guerras
y desdichas.
Puedo reciclar todo lo que encuentro:
el papel, el plástico, el vidrio,
la lluvia, mis lágrimas, el silencio.
Puedo pensar que todo es perfecto
o que todo es imperfecto;
que todo se parece. Todo es la nada.
Pero no puedo, por más que intento
no puedo vivir sin escribir.

A ULTRANZA

Desde que te vi te amé, nada es la vida sin ti.
El paraíso: una utopía, el sentir los latidos y el pulso
algo incontable.
Tu mirada es mi luz, tu Sol mi Luna
vivo en el convexo amanecer
trasciendo colinas remotas que crecen como áspides silentes.
Poco a poco, sin darme cuenta
voy deshilando mi nube marchita, cúspide de mar y viento,
remota inmarcesible quimera.

ME DUELE

Me duele imaginarte.
Saberte caminando por las calles
atrapando una sonrisa, una mirada, unos dedos
que no sea míos.
Me duele recordar, porque, ¡ay!, cómo recuerdo,
los largos caminos recorridos de tu mano,
las veredas de árboles alineados
en inocentes parques
donde nos dimos -te di- el primer beso.
Me duele, me lastima
la nieve espesa que cae sobre mis hombros cada invierno,
cada anochecer sin esa sombra tuya que tanto acariciaba.
Sin tu sillón rojo cuyo olor empobrecido
tiritando lastimero dejó de servir.
El cenicero, el mechero oxidado, el hollín de la hoguera
                                        [insinuado
la carencia de humo nuevo con crujiente leña.
A todos en esta casa les recuerdas tu ausencia.
Así, de cuando en cuando,
de soslayo, miro por la vereda en el camino
para desandar y recuperar la mustia experiencia
de tu piel sobre la mía, tu cadencia en mi cuerpo,
el insoportable peso de la huida.
Me duele, casi me lastima
la sábana en silencio, la lámpara sonriente que me mira incierta.
Mirada dulce, compasiva
de las escasas aves que visitan el ventanal
carcomido por los años, por el viento.
Recuerdo que solías quitar los cabellos de mi cara,
y el viento soplaba y resoplaba en tu oído
jugando a caricias de mar y amar.

A TU LADO

Quiero morir a tu lado,
trepidar con el fuego de tu cuerpo
dentro de mí
            una vez más.
Detener, si es posible,
el último aliento de mi vida
alargarlo en un tiempo continuo
            prolongado
irrepetible a sabiendas de la muerte,
dulce abrazo ineludible.
Quiero, inexorablemente,
saborearte por la vez última
            extasiada
en un prolongado vals
o en un movimiento de oleaje
            ondulado
acompasado, delirante, sin prisa
            sin límite.
Exhalar el postrer aliento
en tu piel, en tus manos
            que tanto amo.
Llevar conmigo tu rostro y tus ojos claros
como lacerante imagen estampada en mi memoria
            –si tuviera recuerdos–
en el futuro incierto.
Y quiero que me mires así
            en mi agonía
para que pienses lo que yo pienso,
respires el mismo aire que yo respiro
y me dejes dormida, tranquila,
            satisfecha
            para siempre.

Instantáneas

La secadora

Gracioso ruido de la secadora de ropa,
amortajada viene y va,
juega a dar vueltas,
preámbulo amoroso.

El arco iris

Ha aparecido el arco iris después de la lluvia.
Nada grandioso.
El arco iris sigue siendo algo grandioso.

Compras

La gente viene y va.
Usan bolsas grandes para guardar cosas pequeñas.
Las cosas pequeñas suelen ser grandes ilusiones.

El mantel

Es importante un buen mantel.
Uno comprado en Brujas o Estambul.
Si la gente no pregunta, ¿le diré que es de Brujas o Estambul?

LA I GRIEGA ES LA YE

La i griega me salvaba siempre.
Me rescataba de las coordinaciones
y la subordinaciones;
me hacía pensar en las copulativas
aquellas que copulan y copulan
y me encontré así entre las yes
que de súbito emergieron, egregias.
Siguieron pausadas enlazando
unas a otras
y se encontraron, copulando.
Ahora cuando de pronto
necesito una i o una ye
llamo a la griega
para copular con ella.

MEMORIA

Te recuerdo en el beso atrapado entre mis labios,
en la sombra de la puerta entreabierta.
Te recuerdo y me recuerdo;
escucho tus pasos leves con dolor de ausencia.
Te recuerdo en las huellas que dejaron tus manos
en caricias nunca mías;
y el olor de tu aliento
-aquel de la copa del vino que nunca bebiste-.
Te recuerdo en la luz del día que no habitamos,
en la noche que no te contuve;
en la madrugada áspera y fría
dulce abrazo que mi cuerpo estremecido imagina.
Te recuerdo en la piel que se eriza,
que evoca las tardes, las noches vacías,
canto de luciérnaga encendida
que nunca escuchamos.
Te recuerdo en el lago, en el monte,
en la nieve, en la lluvia, en la hojarasca
que no profanamos.
Te recuerdo.

¡Vivir más!

Porque no te puedo recordar
quiero vivir más
porque mi soledad es lanza
y se agolpa en cada hito del andar
de mi cansada piel
quiero vivir más
porque sé que te amo
y no sé cómo este doliente
inhóspito sentimiento
latente, embriagante, inerte
injusto llega
quiero vivir más
porque la libertad me duele
me cansa, me hiere
en el caudal de tu sombra
que amanece siniestra
quiero vivir más
porque retengo tu voz
porque me quema tu piel en mi piel
y no recuerdo tus ojos
ni tu andar
ni tus manos
ni tu sonora y delicada
ansia de vivir
quiero vivir más
y verte y abrazarte
amor mío envuelto en nubes
y sollozos
así
¡quiero vivir más!

Yo creo

Yo creo en tu nombre
    que me nombra
    extensión de tu palabra,
    en tu sombra
    que me abrasa
    candente espacio.
Creo en tu luz
    que me ilumina,
    en tu quieto mirar
    doloroso extravío.
Creo en los pasos que sigo
    ferviente, mansa
    cordero dulce y sigiloso
    rumiando tu ausencia.

YO NO SOY POETA

Yo no soy poeta
soy una vieja lechuza.
Me poso en las altas ramas
de los árboles
para ver más lejos
e imaginar otros mundos.
Al anochecer ululo
imitando el silbido del viento.
Cazo insectos y miro más allá de la montaña,
de las nubes, de la Luna.
Murciélagos viajan
sobre mi cabeza
y entrecierro mis ojos mudos.
Yo no soy poeta,
vago por las noches
mirando las estrellas,
absorbo el rocío de la madrugada
que frío inclemente se posa
en las blancas sábanas.
No soy poeta ni artista
no canto ni bailo.
Solo observo con mis ojos grandes
de lechuza vieja.
Espero. Siempre espero
un nuevo anochecer
que me traiga consigo
la blanca luz de la Luna
mientras mis alas cortan el viento
con la cadencia rítmica de la tristeza.

ALGO SOBRE EL OLVIDO

Es extraño pero casi no recuerdo el pasado.
Me parece remoto, nebuloso
nauseabundo.
No sé por qué sigue
                    ahí
sin quitarse de en medio
como la piedra en el zapato
como la mano adormecida debajo de la almohada.
Sigue.
Haciendo un esfuerzo recuerdo la noche,
la de aquel día.
Cenamos juntos y tras la inútil conversación
la puerta se cerró.
Me quedé mirando
y contemplando la imagen
que había quedado de ti con la puerta,
reconocí que te habías alejado para siempre.
Recuerdo, además, que bebimos, preguntamos,
reiteramos
              exigimos
                          y dijimos cosas
de las que uno luego se arrepiente.
Insultamos la tenue luz de la flama
que se extinguía sin piedad.
Dilucidamos sentimientos
              —ilusiones (vanas)—
y aunque sonreíamos
              —de cuando en cuando—
nuestras miradas no buscaban los ojos del otro.
Las palabras se escuchaban

con un cierto eco

                  abismal

que nos hacía temblar

a ti   y a mí.

Ambos decidimos que…

No, ambos compartimos…

Quiero decir que los dos…

O mejor aún,

que tú   y yo,

de forma separada

estábamos de acuerdo

por primera vez en hundir nuestro…

en borrar… simplemente

en olvidar-nos.

Y así lo hicimos.

Fue el primer acuerdo que sostuvimos

        juntos.

Y ahora que al fin lo he revelado

creo que solo ha sido

una casualidad de la memoria.

ABRUMADA

Absorta, diletante, mustia
tejiendo en la ironía artero escudo
me escucho sola en eterno autoexilio.
Pensamientos, palabras, recuerdos:
miserable compañía.
Flecos de largas madrugadas y dolorosos inviernos
donde la nieve acobarda y calcina.
Tu recuerdo drena mi equipaje de lóbregas quimeras
mientras quejosa ruego al tiempo sin ritmo, sin color y sin
forma
que entretenga mi soledad
que acumule segundos de notas, sinfonías
que se colme de ecos y lamentos
y que recuerde el sabor de los rayos del sol
en la piel, en la cara, en el cuerpo:
que agigante la miel de los húmedos pétalos
que caliente mis lánguidos huesos
y que vuelva una vez, al menos,
a saborear el olor de la menta
a galopar las negras crines
a barbechar los yermos
a recorrer atardeceres agobiados de rojo
a sorprender el azul en el verdor de las olas
y a caminar juntos, tú y yo, lejos.

Lo que pasa

Lo que pasa no se ha quedado
se va
   yendo
lo que pasa es que duele
ahí
   quedo
lo que pasa no deja huella
arde
   quema
lo que pasa y lo que no pasa
aquello que se sabe y se anticipa
el "lo" que dice lo que todos saben
lo que nadie sabe
lo bueno y lo malo
Es eso.

¿QUÉ NOS FALTÓ?

Teníamos un gato y varias máscaras,
un reloj de pared y un cenicero.
Unimos nuestros cuerpos, nuestros libros.
Vaciamos armarios y llenamos días
de risas, vino, mar.
Recorrimos las islas, las peñas,
desprendimos de las flores
el perfume de la madrugada.
Acariciamos guitarras, silencios,
nos encendimos en la hoguera
de la cabaña helada.
Frecuentamos las viejas amistades
de uno
              y del otro.
Disfrutamos fiestas,
matizamos logros y deseos.
Pero faltaron las miradas, los besos,
los recuerdos
las palabras
la risa
la luz.

GAVIOTAS

Surcando los mares,
lenguas saladas de negros pantanos,
rojas resacas, blancos paisajes,
cubriendo los cielos de nieve fugaz,
dibujan intrépido viaje en vuelo irrepetible.
Claraboyas, arenas y peces de colores
intentan, en vano, detener la violenta,
desgarrada, doliente huida.
Un buque naufragando, un marino,
la tripulación absorta, inconsolable,
y las blancas gaviotas, impávidas, distantes
elevan sus alas sin pena ni gloria.
En mi barco no hay dolor ni duelo ni tristeza,
he sido navegante de mil mares y mil sexos,
no hay quimeras, ya no hay compañía;
dedico mi tiempo al inmortal Neptuno.
Hago tres comidas, duermo, sueño.
Al despertar lo único real, narrable,
es el mar verdinegro, profundo, salado,
sediento de amaneceres rojos
de soles tibios, de lunas escarlata.
Solo hay gaviotas blancas, níveas, puras
me miran, circundan en vendavales,
pasajeras sedientas,
esperan un mendrugo, un remanso,
un poco de alimento a su desesperanza,
un paliativo a su delirante agonía
y un soplo de vida a su muerte temprana.

Navío

Ráfaga ardiente   luz escarlata
espuma leve
aleve
volante desdentado
dueña fugaz del ataúd funesto   mascarón inerte
deslumbra rudas jarcias
vaguedades de la inmortal carena
quilla, estribor, ancla, vela.
¡Oh!, marino   navegante impío
cuyo dulce trayecto pertinaz sucumbe
y el peso que habita
alumbre
azogue ubicuo   remedo lúgubre
en viaje acaudalado   sospechosas nubes
y sediento, impávido
estrella su luz muda.

Poco a poco

A R.

Así, lentamente, poco a poco,
despacio
los recuerdos se van sucediendo
pausados.
Caminamos por aquellas veredas que tanto nos gustaban
había árboles y bancos, pájaros de silbido alegre.
Tú, con tu jersey siempre verde, me miraste.
El sol iluminó tus ojos clandestinos,
tu sonrisa -un poco de lado- dejaba escapar
con lentitud un: te quiero.
Sin querer me tomaste de la mano.
Yo, al sentir el roce de esos dedos, de esa piel,
no pude sino exhalar un suspiro.
Tú me preguntaste: -Por qué?
-¿Por qué, qué?-, contesté indecisa.
Solamente sonreíste,
con esa sonrisa tan tuya.
Y en mi mente dejé grabada tu imagen
para siempre,
                    para siempre.
Después te alejaste
y nunca más en ningún día, ni semana, ni mes, ni año,
te he vuelto a ver.
Pero, ¡ah!, qué verde era tu jersey
y qué brillo tan hermoso el de tus ojos.

CAFÉ

Me decías que amabas el aroma del café
mientras lo aspirabas lentamente,
intensificando aún más
las sensaciones, los sabores diversos.
Tu forma de servirlo, tu sonrisa
al disfrutarlo, tus ademanes,
me inspiraban a atesorar sus
placeres.
Con alegría sin precedentes consumí
el amargo y oscuro elixir.
Sentí mi cuerpo estremecerse
como cuando por la noche
tranquila, suave y cadenciosa,
unimos nuestros cuerpos.
Comprendí tu devoción
y acepté pacientemente, sometida,
la intromisión del ardiente líquido
en mis labios,
en mi garganta.
Tras un segundo sorbo de
éxtasis momentáneo,
asentí
con los ojos casi cerrados
y embriagados de delirio.
Y tú, ufano cual vencedor lacerante
derramaste sobre mi taza y sin piedad
más café.

COMO UN COLIBRÍ

Déjame libar el néctar de tu esencia
como un colibrí.
Deja que mi rápido aleteo se regocije
al penetrar en tu fondo ser.
Siente mi necesidad,
escucha mis alientos
cual breve y minúsculo
palpitar de ave.
Permite que despliegue
mis colores iridiscentes
de arco iris radiante.
Aliméntame, al menos,
con un poco de azúcar y agua
que yo beberé
          de tu mano.

¿QUÉ MÁS TE PUEDO DAR?

Te di radiantes mañanas
que bañaban los muros de tu cuarto,
aves cantarinas entonaban
para ti
coros de mil voces al amanecer.
En tu balcón tímidas, mustias violetas
asomaban sus pétalos tricolores.
A veces, una lluvia serena
reverdecía el claro paisaje de tu ventana
donde voluptuoso el mar
insistentemente azul
intentaba acercarse a ti
ola tras ola.
Ocasos rojos,
dorados reflejos claros de tardes siempre tibias.
Y las noches,
¡ah, la noche!
Cuántas caricias derramadas
una tras otra, incontables.
Me di a ti por completo,
mi ser, mi delirante vida,
mi lluvia, mi sol, mi mar,
aquel   el mío
...pero no fue suficiente.

EN EL OLIVAR DE LOS PADRES

Y el hombre era un yunque,
era el padre de Aldo.
De noche
y solo de noche,
cuando el tecolote canta
hubo total divertimento
en la penumbra.
Y así, desvergonzados,
en el Olivar
hacíamos el amor
          hasta el amanecer
                    hacinados.

MUNDO DE GUERRA

Mundo de guerra
inaudita
donde las águilas ya no se posan
donde no existe el silencio.
Mundo de paz
inaudita
donde el amor cura heridas
y resurgen hijos de las balas.

Mitos de noticias irreverentes
causas artificiosas de verdad
fatalidad siniestra vuelta verbo.
Dolor y muerte,
tanques llanos llorosos.
Y ahí están, casi inertes
los cuerpos heridos
inmóviles.

RÍOS DE SANGRE

Ríos de sangre y llanto
rotundo sonoro rugido
solo lástima, dolor
calcinante
     sordo
          ronco
se escucha.
Jamás, *Hamas*. No más.
Pierde tu lucha en las oquedades
de las balas,
en los techos rotos, en los alicaídos.
Duerme, Gaza, solitaria,
lejos del mundanal gemido,
lejos de las tinieblas que te inundan.
Alumbra, lumbre
     luz de amor,
          regresa,
no abandones en soledad y muerte
     el mínimo asomo
          la leve pluma
               el tanque certero.
  ¡VIVE!

ODA A UN SOLDADO

A Gerzy, con admiración y amor.

Soldado de guerra, de lucha, de combate
airado   sombrío   temerario
Soldado de tierra, de aire, de mar
luchando   sufriendo   esperando
Soldado de vida, de sueños, de amor
sonriendo   combatiendo   descifrando
Soldado de plomo, de diamante, de azogue
que enfrenta   resuelve   conquista
                    y florece.
Vida, sueños, materiales crípticos,
desvelos, avatares,
y tú, mi valiente soldado
inquebrantable y sereno.

ÉL TE MIRA

Él te mira, te admira, amable, sonriente,
sonrisa hecha sol,   echa amor.
Él te mira, te descubre, ingrávida, serena,
doliente   esmeralda
presa en artística composición, montada
en el círculo áureo   de tu argolla.
Él te mira, admira tu belleza, esplendor divino,
tu suave andar y tu entereza.
Él te mira, te admira, hermana nube que expandes
bajo el cielo níveo   de tu frente
esparciendo amor y sentimientos vanos.
Él te mira y en su mirada
hay otra generación, bienhechora,
la de un padre que encarna en el joven hijo
la magia de suspiros
protectores.

LA MAÑANA

Azul y verde relámpago de crisálidas
rompe generoso el silencio matinal,
cristalino, ocasos en dulce fragua
donde la noche se niega a recolectar sus sombras
y sediento, exánime de tantas lunas, extenuado,
elabora rosicler inerte cual heraldo sereno de la aurora.
Rubia se ve ensimismada pasajera que
en mustio despertar concita austera, tenuemente
la fragante, dudosa madreselva
cuya miel distraído colibrí multicolor liba incesante,
en medio del carmesí rosado de rayos prematuros
acaricia sutil corola, diáfana y robusta,
de cada buganvilia diletante.
Más tarde en acuciosa precoz intempestiva luz
los diez veces repetidos viajeros torpes desatan
insectos carcomidos en sus ligeros cuerpos,
en hondas espirales sin control y en desuso,
acabarán inútiles, adormecidos, yertos,
convertidos en polvo en viaje de regreso.
Sucedáneos rocíos sucumbirán en yermo abrevadero
de torrentes letales que hallarán franco remanso
sereno, aunque ufano, jamás prolongado
deceso, que si bien esperado quizá nunca previsto,
de viaje repetido en esplendor verdoso,
jardín de mil vidas disipado y fiero.
Contemplada en sí misma, ensimismada
la risueña madrugada, cantarina, nace
como el último resuello del recién nacido mundo.
Y en su trivial adormilado despertar
sucumbe en orgásmico sacudimiento
al nuevo día.

HOY

Bring roses if the rose be yet in bloom.
W. B. Yeats

Hoy tengo ganas de escribir, de contar,
de llorar, de reír,
de lanzar al viento opacidades y transparencias,
dolores y ayeres rojos.
Hoy, encaramada en las crines de caballos plateados
ondeando vaivenes, serpenteando suspiros;
hoy, encuentros y adioses que la memoria
ah —esa torpe e inconsciente— se empeña
como vieja descuidada soledad
en no recordar, en no obedecer las
displicentes e insensibles órdenes
de un cerebro torpe y enmohecido.
Hoy, como quimera solitaria, nebulosa,
oscura reticente que se advierte aire
se encuentra agua, se quema fuego
se arranca tierra para olvidar el olvido.
Hoy escribo aire
      inundo agua
         naufrago fuego
            bebo tierra.

MAR

Y un día fui mar,
al día siguiente fui cielo,
deduzco que morí y renací.
Así, en perfecto te encontré.
Entonces me dispuse a caminar
sobre las aguas que bordean la tierra,
juntos, mar y tierra nos dedicamos a amar.
Nada puede parecer cierto ni falso
nada es, sin embargo, doloroso o feliz;
las fatalidades de los humanos
se ciernen y cierran en la alborada del horizonte,
ahí donde se juntan el cielo y el mar.
Viajamos paradigmas, sueños,
circundamos las pieles y las miradas silentes
para encontrarnos y abrasarnos vivos.

Este libro se publicó
en el mes de junio
del año 2024